AF480788

BETINA LOBO

Melodias de uma Alma Navegante: Uma Coleção de Poemas

NONSUCH MEDIA PTE. LTD.
SINGAPURA

ISBN: 979-8-89214-054-6

Primeira edição publicada em 2023

Título: Melodias de uma Alma Navegante: Uma Coleção de Poemas
Autora: Betina Lobo
Editores: A. Lee, Gastão Lobo
Design de Capa: Álvaro Oliveira para Nonsuch Media Pte. Ltd.
Execução Gráfica: Álvaro Oliveira para Nonsuch Media Pte. Ltd.

info@nonsuchmedia.com | nonsuchmedia.com

Índice

A Escolha Sagrada

Não dances à melodia que não é tua,
Não cantes versos que a tua alma recua.
Cada passo, cada ato, uma narrativa,
Escolhe bem, é tua vida cativa.

Na areia do tempo, cada grão é precioso,
Não o desperdices em jardins duvidosos.
Se a tua alma não arde, não se inflama,
Deixa passar, não é tua trama.

Quando te propõem um voo, um
sonho, um desenho,
Pergunta à tua essência se
vale o empenho.
É sagrada a jornada, intransigente,
Se não te completa, é
estranhamente ausente.

O Tempo é Arte

A tua vida, uma obra, tela e pincel,
Não pintes cores que não são do teu papel.
Se cada traço não te define, não te reflete,
Não é a tua arte, não é o teu afeto.

Na biblioteca da vida, histórias se aninham,
Escolhe a tua, onde os teus sonhos se acalentam.
Se não ressoa, se não te move,
Não é teu conto, não é tua alcova.

Não faças nada que não ressoa no teu ser,
Pois cada ato é um pincel a escrever.
A história viva da tua existência,
Onde cada cena é da tua competência.

MELODIAS DE UMA ALMA NAVEGANTE

Quando o projeto à sua porta bate,
Pergunte-se, vale a pena o combate?
É digno do tempo, desse recurso divino,
Será parte do seu destino?

Antes de embarcar, de lançares-se ao mar,
Pergunte se as ondas o vão embalar.
Se não valem o remo, a vela, a jornada,
Não é seu oceano, é sua vida amada.

A Narrativa Pessoal

Cada segundo, um diamante precioso,
Na joalharia da vida, seja cuidadoso.
Escolha onde investir a sua centelha,
Na tapeçaria do tempo, seja a sua própria telha.

Na dança dos dias, onde o tempo é moeda,
Não gaste a sua alma, onde o desejo se arremeda.
Escolha com sabedoria, o seu compasso,
Onde cada passo, é um abraço no espaço.

O TEMPO COMO RELÍQUIA

HISTÓRIA QUE VALE

Antes de se lançar em mares profundos,
Pergunte ao coração, sondando os seus mundos.
Se vale a pena, se o eco responde,
Na sinfonia do ser, se a melodia corresponde.

Não à servidão dos desejos alheios,
Seja autor dos seus anseios.
A vida é um livro, e nele, a caneta,
Deve ser movida pela paixão correta.

13

COMANDANTE DO DESTINO

Entre mil caminhos, escolhas infinitas,
Ouça a bússola interna, que nunca te imita.
É singular, única, direção autêntica,
Na jornada da vida, tua luz específica.

És o mestre do teu destino, comandante da na
No oceano da existência, escolha o teu azul.
Que cada onda, cada maré, cada corrente,
Seja navegada com a alma presente.

Que o espelho da tua vida reflita a essência,
De escolhas feitas com presença e
consciência.
No teatro do tempo, que cada ato,
Seja autêntico, teu pacto.

14

Um Jardim de Intenções e Tesouros

Na paisagem vasta de possíveis ações,
Cultive o seu jardim com intenções.
Que cada flor, cada árvore plantada,
Seja reflexo da alma, pela luz iluminada.

Cada instante é joia, um tesouro escondido,
Não o gaste em vão, não seja perdido.
Na trama da vida, onde o tempo é ouro,
O seu valor, inestimável, é o tesouro.

Não sacrifique os seus dias no altar alheio,
O seu querer é sagrado, seu, inteiro.
Na tapeçaria dos dias, que cada linha,
Seja tecida com amor, seja a sua mina.

Que cada flor, cada árvore plantada,
Seja reflexo da alma, pela luz
iluminada.

A Sinfonia da Liberdade

Liberte-se das correntes do dever imposto,
Na sinfonia da liberdade, encontre o encosto.
Que cada nota, cada som, cada melodia,
Seja escolhida com amor, com harmonia.

Não faça, não vá, não seja, por imposição,
Na sacralidade do tempo, siga a intuição.
Cada ato, cada passo, inscreve um enredo,
Na narrativa sagrada do seu credo.

Ao se perguntar, se vale o desafio,
Que a resposta ressoe no silêncio vazio.
Se a luz interna afirmar o caminho,
Vá, pois ali reside o seu carinho.

Na noite escura das pressões externas,
Olhe para as estrelas, internas, eternas.
Siga o brilho próprio, luz que não se apaga,
Na rota da existência, sua sagrada saga.

Não se perca nas trilhas impostas, estranhas,
Onde o coração não arde, não ganha.
Siga a chama do desejo, luz que não engana,
Na floresta da vida, sua própria trama.

Na selva das exigências, onde vozes clamam,
Mantenha a alma intocada, onde sonhos inflamam.
Seja o artesão do seu destino,
Onde cada esculpir é divino.

Siga a chama do desejo, luz que não engana,
Na floresta da vida, sua própria trama.

A Saga da Autodescoberta

Na fortaleza do ser, onde o tempo é guardião,
Cada momento, uma escolha, uma canção.
Que o canto seja puro, reflexo do interior,
Onde cada nota é um eco do seu amor.

Cada passo, cada gesto, selado está,
Com a marca da autenticidade, lá está.
Que não seja manchado pelo externo não sincero,
Na jornada da vida, seja o primeiro.

Na galeria do tempo, onde quadros se penduram,
Que cada obra seja a alma que murmura.
Revelando a essência, o núcleo, o centro,
Na fortaleza da vida, seu templo.

Fortaleza do Ser

18

Liberdade é poesia, um verso solto,
Na página do universo, absoluto.
Escreva com a tinta da paixão,
Na história da existência, sua canção.

Na narrativa pessoal, onde palavras contam,
Que cada linha seja a liberdade que monta.
No jornal da existência, notícias do interior,
Revelando ao mundo o seu valor.

Versos da Liberdade

Nas sombras do silêncio, uma falsa fortaleza,
Um refúgio ilusório, uma triste destreza.
Mas calar não é escudo, não é armadura,
Contra as batalhas da vida, não é cura.

No jardim do silêncio, as flores não cantam,
São cores murchas, onde esperanças não plantam.
Falar é renascimento, é luz na escuridão,
É na voz que ressoa a libertação.

O Jardim do Silêncio

MELODIAS DE UMA ALMA NAVEGANTE

O Olhar Desviado

Desviar o olhar, fugir do real,
É dançar com sombras, um baile fatal.
Pois ao virar as costas ao que persiste,
O mesmo cenário, insistentemente, insiste.

Silêncio e olhar desviado, prisões veladas,
Na ausência de voz, almas acorrentadas.
Falar e ver, atos de coragem,
Nas asas das palavras, o voo da viagem.

Calada, o mundo não muda, persiste,
É na ressonância da voz que o novo existe.
Olhar é tocar a realidade, transformar,
É no encontro do olhar que começamos a caminhar.

Falar e ver, atos de coragem,
Nas asas das palavras,
da viagem.

21

CONCERTO DA VIDA

No concerto das escolhas, onde notas ressoam,
Que cada acorde seja o coração que entoa.
Na música da vida, harmonia encontrada,
Reside, na essência, a melodia almejada.

No concerto da vida, cada voz é
instrumental,
O olhar, uma pintura, arte magistral.
No coro da existência, silêncio não é
refúgio,
É na sinfonia das vozes, que desabrocha o
augúrio.

22

REFLEXOS DE RENDIÇÃO

Olhar é desafiar a repetição,
É na visão clara que mora a redenção.

MELODIAS DE UMA ALMA NAVEGANTE

CHAMA INTERNA

Enquanto muitos buscam luzes externas a brilhar,
A minha chama interna sabe onde iluminar.
Não preciso de guias, nem de estrelas a clamar,
Quando sei quem sou, sei como caminhar.

O coro pode cantar, a multidão pode falar,
Mas a minha voz tem o seu próprio luar.
Não ecoo os outros, nem busco aprovação,
Na sinfonia da vida, sou solo e canção.

Não aguardo líderes, nem guias a seguir,
Dentro de mim, sei aonde ir.
O mundo pode dançar ao ritmo alheio,
Mas o meu passo é certo, no meu meio.

Não preciso de guias, nem de
estrelas a clamar,
Quando sei quem sou, sei como
caminhar.

24

Existem danças não dançadas, canções na cantadas,
Nos grandes caminhos, não trilhados, mas ansiados.

Muitos podem esperar, para ver quem dará o passo,
Mas eu, com convicção, abraço o meu espaço.
Não preciso de trilhas, nem de mapas a guiar,
Quando o destino é certo, sei como chegar.

Num mar de cópias, de ecos sem fim,
Eu afirmo-me, inteira, assim.
Não sigo a corrente, nem busco a direção,
Quando sei quem sou, sigo o coração.

Muitos olham ao redor, esperando um sinal,
Mas eu olho para dentro, buscando o essencial.
Não espero o mundo para definir o meu ato,
Quando sei quem sou, sou eu quem faz o trato.

Na travessia da existência, leve e audaz,
Reside uma força, silenciosa paz.
Os que encontraram o júbilo e a vitória,
Creram em si, tecendo a sua história.

Não é no conformismo que a árvore frutifica,
Mas na terra da crença, onde a vida se edifica.
Quem provou o sucesso, a doçura do mel,
Caminhou com convicção, sob o próprio céu.

A Crença Fundamental

A Crença Fundamental

A Crença Fundamental

26

Dançarinos das Estrelas

Aqueles que tocam as estrelas, que alcançam o pico,
Não se alimentam de dúvidas, nem do crítico.
Eles sabem a força que em si reside,
  Nas noites escuras, é a luz que os guia.

Felizes dançam, com os pés descalços na terra,
Conectados com a sua essência, guerra nenhuma os

encerra.
  Se o caminho proposto não se alinha ao coração,
Eles criam as suas trilhas, na contramão.

  Felizes são aqueles que, com passos firmes, andam,
Nas trilhas da fé, onde sonhos comandam.
  Se o caminho se estreita, se a rota se perde,
Eles criam as suas vias, onde a esperança cede.

Dançarinos das Estrelas
Dançarinos das Estrelas
Dançarinos das Estrelas

27

O sucesso, uma pintura de cores vibrantes,
É tecido por mãos confiantes.
Por almas que, na encruzilhada da existência,
Escolhem o caminho da resistência.

Não há gaiola para aqueles que creem,
Nem fronteiras para os que veem.
Além das limitações, das barreiras impostas,
Eles voam alto, como águias expostas.

No jardim da vida, onde muitos seguem a multidão,
Os vitoriosos plantam sementes com a mão.
Da autoconfiança, irrigadas pela determinação,
Florescem em júbilo, frutos da própria invenção.

O voo das Águias

o palco do fazer, encontra o
seu canto,
Na orquestra do labor, seu
encanto.

Como a melodia que só canta no vento,
Inspiração ecoa no ato, momento.
No silêncio do vazio, não se encontra,
Mas no barulho do criar, se levanta.

Inspiração, melodia que só se ouve,
Quando a ação, resoluta, comprova.
No palco do fazer, encontra o seu canto,
Na orquestra do labor, seu encanto.

Colaboradores, parceiros na dança da
vida,
Em cada passo, uma nova trilha é definida.
Juntos, criamos melodias, canções,
Na harmonia de muitas mãos.

A Melodia da Criação

DEDOS DANÇANTES

No tear do labor, dedos dançantes,
A magia surge, cores vibrantes.
Inspiração, amante fiel do ato,
No bailar das mãos, faz pacto.

Na fornalha do fazer, metais se transformam,
Inspiração, como alquimista, as formas reformam.
Não na espera vã, mas na transmutação,
Encontra o seu elixir, a sua revelação.

Sou o bordado rico de muitas mãos,
Uma tapeçaria de diversas canções.
Cada ponto, cada cor, entrelaçado,
De amores, ensinos, um campo estrelado.

No tear do labor, dedos dançantes,
A magia surge, cores vibrantes.

30

JARDINS DO MOVIMENTO

Não nos campos áridos do adiamento,
Mas nos jardins férteis do movimento.
Ali, a musa encontra solo, espaço,
No calor do fazer, abraço.

Com mãos na terra, o jardineiro semeia,
Na esperança verde, a vida permeia.
Inspiração, como chuva regozija,
Na ação do plantar, se beija.

No jardim interno, flores diversas brotam,
Cada uma, testemunha de amores que notam.
Na diversidade, encontro a minha unidade,
Sou o todo e parte, na verdade.

Como o pintor diante da tela branca,
Mãos tintas, a alma franca.
A inspiração visita, cores despeja,
Na dança do ato, se almeja.

No cinzelar paciente do escultor,
Na pedra bruta, encontra o fulgor.
Inspiração, luz que se revela,
Na ação contínua, centelha.

Com pincel e palavra, o artista tece,
A tapeçaria cósmica que aquece.
Cada fio, cada letra, um universo,
Na dança do tempo, versos imersos.

O PINTOR E A TELA

A inspiração visita, cores despeja,
Na danç do ato, se almeja.

Na pena que dança, versos derrama,
O poeta encontra a sua chama.
Não na espera, mas no encontro,
Com as palavras, faz o seu conto.

Nas linhas que fluem, palavras se tecem,
O poeta, em cada frase, se oferece.
Inspiração, entre linhas e entrelinhas,
Na escrita contínua, se adivinha.

Como livro aberto, páginas escritas,
Por mãos diversas, infinitas.
Cada capítulo, um autor, uma voz,
Na narrativa do eu, somos todos nós.

O POETA E A PALAVRA

A Lição dos Mestres

Professores, lanternas na noite escura,
Iluminam caminhos, na aventura.
Com cada palavra, cada gesto, ensino,
Esculpiram em mim, o destino.

Escritores, pintores de universos infinitos,
Com palavras, abriram-me infindos ritos.
Na leitura, naveguei mares, constelações,
Descobri mundos, infinitas dimensões.

No espelho da existência, vejo refletir,
Rostos, histórias, um universo a sorrir.
Cada um, artífice do meu ser,
Na gratidão, escolho viver.

34

Cientistas, artistas, filósofos, pensadores,
Arquitetos do mundo, sonhadores.
Na fundação de tudo que vejo e toco,
Os seus ecos ressoam, profundo e pouco.

Políticos, guerreiros, construtores de nações,
Na escritura do tempo, marcaram gerações.
Sou filha desse mundo, forjado e criado,
Por mãos de muitos, sou abençoada.

Na miríade de faces, vozes, toques,
A minha identidade brota, evoca.
Sou a soma rica, diversa, plena,
De todos que tocaram a minha cena.

O Mundo Que Habito

Entre cada laço, um elo se forma,
Uma ponte entre almas, norma.
Eu, fruto de tantos encontros, uniões,
Celebro a riqueza, múltiplas canções.

Como o ouro, forjado pelo fogo e tempo,
Sou a alquimia de incontáveis momentos.
Cada pessoa, um alquimista, mago,
Na minha existência, desempenha um afago.

Como estrelas no céu vasto, brilhante,
Cada ser na minha vida, é diamante.
Juntos, formamos constelações,
Iluminando trevas, direções.

Cada pessoa, um alquimista, mago,
Na minha existência, desempenha um afago.

Alquimia das Conexões

Herança Viva

História, tradição, inovação, arte,
No meu ser, desempenham a sua parte.
Sou herdeira de legados, culturas,
Nas minhas veias, fluem aventuras.

Família, raízes profundas, firmes, intensas,
Amigos, asas que tocam estrelas imensas.
Cada um, pedra preciosa, num mosaico
vasto,
Da minha alma, o universo, contraste e
contraposto.

Em teias de estórias, tramas complexas,
Somos tecelões, almas conexas.
Cada fio, um legado, uma voz,
Na tapeçaria do cosmos, somos todos nós.

Cada fio, um legado, uma voz,
Na tapeçaria do cosmos, somos todos nós.

ORQUESTRA DO MUNDO

Na sinfonia da humanidade, um refrão,
Ecos de vozes, no meu coração.
Cada nota, acorde, melodia,
Tece a minha alma, poesia.

Na orquestra do mundo, um instrumento,
Tocado por maestros do vento.
Cada batuta, um ser, uma história,
Na música da vida, resplandece a glória.

MELODIAS DE UMA ALMA NAVEGANTE

O BAILARINO E A DANÇA

O bailar de mentes, a sinfonia de corações,
Ultrapassa fronteiras, nações.
Não somos pedras solitárias, mas rio,
Que flui eterno, num harmonioso desafio.

No palco da vida, sob as luzes do presente,
O bailarino dança, graciosamente contente.
Inspiração encontra nele um par,
Na dança do agora, começa a brilhar.

Na teia silenciosa da espera,
Inspiração, uma dama sincera,
Não visita os jardins da inércia,
Mas dança onde a ação exerce.

A LUZ E O CAMINHO

Caminhante destemido, passos marcando o chão,
Cada pegada, um ato de criação.
Inspiração, luz que ilumina a estrada,
Na jornada do fazer, é encontrada.

Passamos a tocha da sabedoria,
De mão em mão, noite e dia.
No fogo compartilhado, a humanidade,
Encontra a sua verdade, identidade.

Nas ondas bravias, o navegador persiste,
Com as velas ao vento, a rota consiste.
Inspiração, qual brisa marinha,
No agir audaz, se alinha.

Nas águas do fazer, um rio constante,
Inspiração encontra a mão vibrante.
Não nas sombras do talvez, ou do amanhã,
Mas no sol ardente do agora, com talismã.

Olho o mar de rostos, infindo,
Cada um, um universo, lindo.
Neste oceano de humanidade, reflito,
Sou onda e mar, infinito.

O MAR E O NAVEGANTE

Hoje, nas mãos calejadas, a mesma centelha,
De um menino que à lua espelha.

Desde a infância, um criador emergia,
Entre jogos e sonhos, a arte fluía.
Cada traço, cada cor, um universo nascia,
Na inocência do ser, a magia vivia.

Com pincéis e palavras, tecia,
O manto estelar da noite ao dia.
No ato da criação, descobria,
O segredo das eras, a poesia.

Hoje, nas mãos calejadas, a mesma centelha,
De um menino que à lua espelha.
Na dança eterna da criação,
Vive a magia, a revelação.

O dom da Criação

42

O Relógio da Alma

Cada tiquetaque, um dia, cada silêncio, uma noite,
No relógio da alma, cem vidas se açoite.
Os ponteiros dançam ao som do universo,
Marcando o tempo, o eterno curso.

Entre corredores de luz e sombra, a vida se enreda,
Cem existências são caminhos, encruzilhada leda.
Dias são clareiras, noites, corredores escuros,
No labirinto do ser, somos puros.

No grande baile da existência, dançamos,
Ao som das estrelas, cem vidas abraçamos.
Cada compasso, um dia, uma noite, um encanto,
Na dança do universo, somos canto.

A Melodia das Horas

Em cada nota, um dia, em cada pausa, uma noite,
A melodia do tempo, na existência, açoite.
m canções vividas, em harmonia, dor e prazer,
Na orquestra da vida, aprendemos a ser.

A música da criação não tem idade,
Resiste ao tempo, à voracidade.
Continua a ecoar, poderosa, subtil,
Na alma do artista, eterno anil.

44

Dias desdobram-se em cores vivas,
Noites revelam sombras cativas.
Cada passagem, um sussurro do tempo,
Na dança da existência, cem momentos.

Na vastidão estrelada, astros brilham com vigor,
Iluminam a noite, com seu esplendor.
Inspiração, qual luar sereno,
No céu do fazer, se acena.

O Astro e a Noite

45

No vale dos sonhos, muitos se perdem,
Mas o que age, estrelas prendem.
Inspiração, qual fogo celeste,
Na terra do fazer, manifesta-se.

Com asas tecidas de sonhos e memórias,
Ascendemos aos céus, glórias.
Cada pluma, um legado, herança,
Na dança do tempo, esperança.

Inspiração, qual fogo
celeste,
Na terra do fazer,
manifesta-se.

As Asas do Amanhã
As Asas do Amanhã
As Asas do Amanhã

De um ser que, entre linhas e cores,
Expressa os seus amores e dores.

A CHAMA INTERNA

Fogo arde brilhante, quando alimentado,
A chama da inspiração, pelo ato é soprado.
Não no vácuo, mas na substância do agir,
Inspiração encontra o seu sorrir.

A chama que arde, inextinguível,
É testemunha do poder indomável.
De um ser que, entre linhas e cores,
Expressa os seus amores e dores.

Não no vácuo, mas na substância do agir,
Inspiração encontra o seu sorrir.

O LIVRO DA EXISTÊNCIA

Cada página virada, uma vida vivida,
Entre linhas escritas, a alma é tecida.
No grande livro do ser, dias e noites são versos,
Cem capítulos de magia, universos imersos.

Em cada alvorada, uma existência desperta,
No seio da noite, outra se encerra, certa.
Cem vidas dançam no palco do ser,
Cada uma, uma arte, um aprender.

No grande livro do ser, dias e noites
são versos,
Cem capítulos de magia, universos
imersos.

48

Na tela, a magia transcende o tangível,
Toca o etéreo, o intangível.
É lá que o artista encontra a sua voz,
Na silenciosa dança, onde todos somos nós.

A magia não termina, não se esvai,
Com o tempo, mais forte se faz, não trai.
Porque o artista, na sua essência,
É a eterna dança da existência.

A Floresta Dançante

No palco da existência, um balé se desenha,
Onde cada passo, cada gesto, preencha.
É a dança do tempo, majestosa, subtil,
Uma poesia silenciosa, feita de argila e ardil.

Na floresta do tempo, cada árvore, uma vida,
Dias são folhas verdes, noites, sombras cumpridas.
Cem trilhas percorridas, na selva do existir,
Cada passo, um eco do nosso persistir.

MELODIAS DE UMA ALMA NAVEGANTE

Na calma, na paciência, o autor visita,
Eras esquecida, na poesia, habita.

Entre linhas e versos, a história se tece,
Um tapete temporal, onde o tempo se aquece.
É a compressão poética da marcha incessante,
Onde o autor, artífice, se faz amante.

Em cada palavra, um eco do passado,
Ressoa os sons, momentos alados.
Na calma, na paciência, o autor visita,
Eras esquecida, na poesia, habita.

Com fios de momentos, o tece a trama,
Uma colcha de retalhos, na alma inflama.
Cada costura, cada nó, um encontro temporal,
Na compressão poética, uma dança celestial.

O Tecelão dos Séculos

Cada estrofe, um fragmento de uma era perdida,
Tecendo juntos, desvelam a jornada da vida.
Na mão paciente do autor, pedaços dispersos,
Unem-se, revelando universos imersos.

Em cada palavra, um instante eternizado,
Como relíquias do tempo, no papel gravado.
Na paciência do autor, momentos se entrelaçam,
Na tapeçaria do tempo, as eras se abraçam.

Na compressão do tempo, um espelho se forma,
Reflete a evolução, paciente, reforma.
O autor, testemunha e artífice, inscreve,
A eternidade em versos, onde o ser se percebe.

O Mosaico do Tempo

O Artífice e a Obra

Como o escultor que, paciente, esculpe a pedra,
O autor, na quietude, a história celebra.
Cada toque, cada letra, uma era revive,
Na dança das palavras, o tempo cativa.

Com martelo e cinzel, a pedra toma forma,
O artífice, paciente, transforma e informa.
Inspiração, na cadência do bater,
Encontra ritmo, começa a florescer.

Como um filme projetado em câmara lenta,
A evolução se desdobra, imponente e lenta.
Cada tela, uma era, uma idade,
Capturada pela lente da eternidade.

O LABIRINTO DO SER

Na compressão poética, um labirinto se desenha,
Onde cada curva, cada caminho, enseja.
O autor, um peregrino paciente,
Desvenda mistérios do passado ao presente.

Ascendendo a montanha do viver, passo a passo,
Cada altura alcançada, um dia, um abraço.
As noites são vales, mistérios a desvendar,
Cem picos conquistados, almas a pairar.

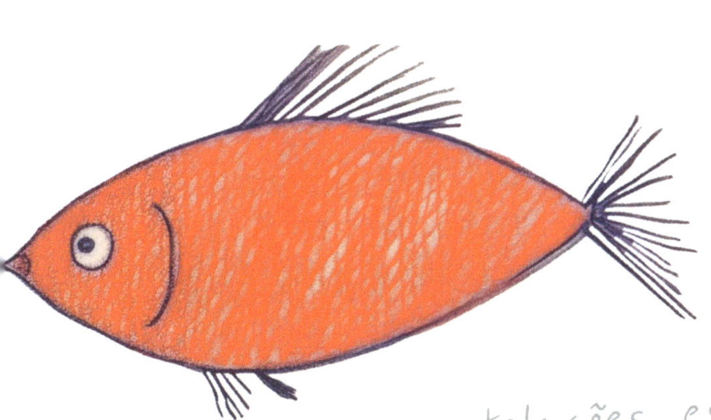

Em cada tela, em cada verso,
O universo se reflete, imerso.
A criação, espelho da alma grandiosa,
Onde a arte se torna majestosa.

Com mãos meticulosas, o tecer das horas,
Cada fio, um dia, onde a alma explora.
Noites são constelações, estrelas em canto,
Dias, sonetos, cada raio, um encanto.

O REFLEXO DO UNIVERSO

PONTES DE ESPERANÇA

Entre luz e sombra, contrastes se faziam,
Na mente do jovem, mundos se abriam.
A magia não está no revelar,
Mas no ato puro de criar.

Construímos pontes, não muros,
Entre almas, futuros.
Na conexão, a esperança ressurge,
E a humanidade, juntos, urge.

Na conexão, a esperança
ressurge,
E a humanidade, juntos, urge.

56

Os ponteiros do relógio em versos se transformam,
Marcam épocas, eras, em rimas informam.
O autor, sentinela do tempo, observa,
A dança das horas, que em versos conserva.

Como árvores que testemunham o passar das estações,
O autor, em silêncio, colhe inspirações.
Cada folha caída, um capítulo da história,
Na compressão do tempo, revela a sua glória.

Na mão do autor, uma chave dourada,
Desbloqueia portas, onde o tempo é fada.
Na compressão de versos, a eternidade se revela,
Um universo de instantes, onde a alma anela.

O autor, sentinela do tempo, observa,
A dança das horas, que em versos conserva.

O Toque de Midas

Notas musicais suspensas no ar,
Cantam canções de um tempo a pairar.
Na paciência do compositor, acordes se unem,
Revelando uma sinfonia onde eras se resumem.

Tudo que toca, transforma-se em ouro,
Não pelo valor, mas pelo tesouro.
De emoções, sentimentos, histórias,
Que narram humanas glórias.

Meu corpo, um manuscrito, linhas claras a ler,
História tatuada, visível, a entender.
Meu espírito, um espectro, luz e sombra,
Abstração pura, forma redonda e achatada.

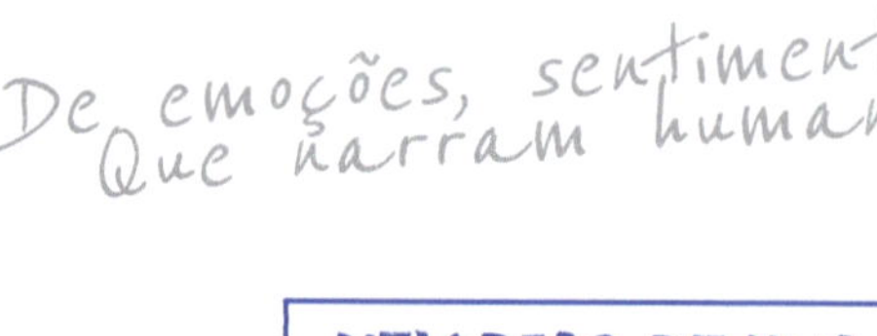

MELODIAS DE UMA ALMA NAVEGANTE

A Aurora da Sabedoria

No lago silencioso da criação,
O autor vislumbra a reflexão.
Cada onda, cada movimento,
Captura a essência do tempo, seu fundamento.

Na alvorada silenciosa do saber,
O autor vê o tempo se estender.
Em cada raio de sol, uma era desperta,
Na compressão poética, a história se acerta.

Como notas numa partitura, claras, definidas,
Narram melodias de vidas vividas.
Ou ouça o silêncio entre as notas, profundo,
Onde ressoam ecos de um universo fecundo.

Cada onda, cada movimento,
Captura a essência do tempo, seu fundamento.

Ou veja as pinceladas de sentimentos
abstratos,
Onde cada verso é um universo,
multifacetados

Entre as linhas escritas, decifra-se um enigma,
Um baile de palavras, uma história, um estigma.
Ou veja as pinceladas de sentimentos abstratos,
Onde cada verso é um universo, multifacetados.

Nas entranhas das letras, uma narrativa se desvela,
Caminhos percorridos, uma saga singela.
Mas na dança das palavras, há um balé abstrato,
Uma sinfonia de emoções, um concerto intacto.

Como um mosaico, cada poema, um fragmento,
Revelando em cores vivas, um momento.
Ou perca-se na abstração, onde formas e linhas,
Narram uma odisseia além das entrelinhas.

Decifrando Versos

60

Leia-me como um livro, cada página, um passado,
Ou como um murmúrio do vento, abstrato e alado.
Na clareza do texto, uma história se conta,
Na abstração, um universo de sentimentos desponta.

Espelho de palavras, reflexo do meu ser,
Narrativa crua, pronta para ler.
Ou uma tela de emoções, pinceladas largas,
Onde a alma dança, livre e aluar.

Portas revelam caminhos, contos concretos, visíveis,
Jornadas tangíveis, histórias possíveis.
Janelas oferecem vislumbres, paisagens em movimento,
Abstrações etéreas, narrativas sem fundamento.

Ou como a lua misteriosa, enigmática,
Pintando quadros de uma saga enigmática.

Como uma flor, cada pétala, um episódio,
Revelando cores e formas do meu exórdio.
Ou como o vento, livre, imprevisível,
Narrando histórias além do visível.

Como o sol radiante, cada raio, uma verdade,
Iluminando caminhos, história e realidade.
Ou como a lua misteriosa, enigmática,
Pintando quadros de uma saga enigmática.

Nas montanhas de letras, eleva-se uma
trama,
Robusta, definida, uma chama.
Nas nuvens de versos, formas vagas,
Contornos suaves, emoções magas.

NATUREZA DA NARRATIVA

Nas nuvens de versos, formas vagas,
Contornos suaves, emoções magas.

UM DANÇAR DE HISTÓRIAS E ABSTRAÇÕES

Como um livro aberto, cada capítulo, um olhar,
História tecida, pronta para analisar.
Ou como um rio que flui, indomável, abstrato,
Cada onda, um sentimento, um impacto.

Como as marés, cada onda revela
esconde,
Uma história de altos e baixos responde.
Ou adentre o cosmos de estrelas
distantes,
Abstratas, fluindo como amantes.

Cada palavra é um caco de vidro, um
fragmento,
Revelando um capítulo, um movimento.
Ou encare o todo, um vitral colorido,
Onde cada peça conta um mito, não proferido.

Ou como um rio que flui, indomável, abstrato,
Cada onda, um sentimento, um impacto.

ENTRE A SÓLIDA REALIDADE E A FLUIDEZ ABSTRATA

Como árvore robusta, cada ramo uma via,
Narrativa sólida, dia após dia.
Ou sinta o vento, abstrato, a fluir,
Narrativas etéreas, a definir e a fugir.

Como pedra, cada faceta uma crónica,
História contada, real, icónica.
Ou veja o rio, seu fluir incessante,
Abstrato, contínuo, pulsante.

Nas sombras definidas, contornos do meu ser,
Histórias ocultas, prontas para ler.
Na luz difusa, uma dança de cores,
Abstração viva, cheia de odores.

Ou sinta o vento, abstrato, a fluir,
Narrativas etéreas, a definir e a
fugir.

64

ELEMENTOS DA VIDA

Como raízes, firmes, contando a minha base,
História a descobrir, passo a passo, face a face.
Ou como nuvens, formando figuras efémeras,
Abstrato balé, formas etéreas.

Na terra sólida, rastros da minha jornada,
Passos marcados, história declarada.
No céu vasto, um mistério a decifrar,
Abstração celeste, a se formar e transformar.

Como o fogo, cada faísca uma revelação,
História ardente, paixão e convicção.
Como a água, fluída, indefinida,
Abstração líquida, transformada, não contida.

65

Obrigado!